नन्ही पंक्तियाँ

चनप्रीत सिंह

नन्ही पंक्तियाँ

Poetry by Chanpreet Singh

First Impression: December 2024
© Chanpreet Singh

ISBN: 978-93-5485-872-7
Published by: Writersgram Publications, New Delhi

www.writersgram.com
publications@writersgram.com

Maximum Retail Price: USD 20/-

मेरे पिता
स्वर्गीय सरदार हरजिंदर सिंह
को समर्पित

प्राक्कथन

वैसे तो जीवन में कई तरह के रस हैं और हर एक रस का अपना महत्व है, पर इनमें से काव्य रस मेरे हृदय के सबसे समीप है। यह मुझे केवल आनंद ही नहीं देता, बल्कि मुझे प्रतिदिन एक बेहतर इंसान बनने में सहायता भी करता है। पिछले कुछ वर्षों में इस कला का अभ्यास करते हुए मुझे इस बात का आभास अवश्य हुआ है कि कविता कुछ कुछ हमारे जीवन की तरह है। जैसे कुछ ज़रूरी तत्वों को मिला कर एक जीते-जागते प्राणी का जन्म होता है, उसी प्रकार कुछ तत्वों से जैसे सोच, भाव, प्रेरणा, नीयत और नियति से शून्य समान ख़ाली कागज़ पर एक कविता जन्म ले लेती है। एक पल जैसे सफ़ेद कागज़ पर कुछ भी नहीं था और दूजे ही पल अचानक

एक कविता अपने अंदर पूरी दुनिया समेटे प्रकट हो जाती है। इन्हें रचते कलम पकड़ने के अलावा एक कवि का कितना योगदान होता है इसका जवाब ढूँढना थोड़ा मुश्किल है। कभी लगता है जैसे मैं अपने हृदय की बात कह रहा हूँ और कभी लगता है जैसे ब्रह्मांड में कहीं कोई कविता एक कलम का सहारा ढूँढ रही थी और अवसर मिलते ही अचानक प्रकट हो चली। इस विरोधाभास का हल चाहे हो न हो पर मैं अपने आप को बहुत भाग्यशाली मानता हूँ कि इस जीवन में मुझे लिखने के साथ-साथ कविताओं को आपके साथ साझा करने का मौक़ा मिला है।

अपेक्षा करता हूँ आठ भागों में बंटी यह नन्ही पंक्तियाँ आपको भी आनंद देंगी और स्वयं कलम उठाने को प्रेरित करेंगी।

क्रमांक

खंड १ - अवलोकन

<u>*1*</u>

देखें हैं मैंने

अक्सर कुछ लोग

रहते हैं सपनों से दूर,

घबराते इस डर से

कि न हुए अगर पूरे

तो होंगे वह टूट के चूर।

फिर देखें हैं मैंने

ऐसे भी लोग

सपनों के हाथों मजबूर,

घबराते इस डर से

कि न हों जो सपने

किस मक़सद जागें वह भोर।

2

खड़ा हूँ मैं

दुनिया है घूमती,

समय की फ़िज़ाएं

इन पलों को चूमती।

करती इन्हें महसूस

चलती हुई धड़कन,

पर समझ यह न पाए,

है सपना या हक़ीक़त।

3

एक तारा मुझे बुलाता है
अपने साथ बतियाने को,
ख़ुशी टिमटिमाता है
दोस्ती नई निभाने को।

मैं भी जगमगाता हूँ
तारे संग हो जाने को,
अंधेरा भूल जाता हूँ
रौशनी कुछ कमाने को।

4

इस चलते तमाशे को देख

हैरत आख़िर क्यों न हो?

तमाशा चलता है क्यों

सवाल आख़िर क्यों न हों?

पर सवाल भी तो तमाशा हैं,

जवाब भी बस तमाशा हैं,

इन चलते तमाशों के बीच

फिर मेरा तमाशा भी क्यों न हो?

5

सितारे जो टिमटिमाते हैं

जाने क्या बतियाते हैं?

चाँद के काले धब्बों की

    शायद खिल्ली उड़ाते हैं।

पर यह भूल जाते हैं,

यह जो चमकती रातें हैं,

इश्क़ की जो बातें हैं,

    चाँद की ही तो सौग़ातें हैं।

<u>6</u>

निकली एक नन्ही सी चींटी,
करती सुबह रसोई की सैर,
ढूंढ रही थी शक्कर मीठा,
आनन फ़ानन चलाती पैर।
दिखी विशाल शहद की बूँद,
मार गोता लगी वह तैर,
फँस कर शहद घुटी फिर साँस,
खोए प्राण भरी दोपहर।

7

रहता हूँ तलवों के नीचे,

घर के आगे, कभी पीछे,

स्वभाव मेरा मिट्टी से जुड़ना,

मेहमानों की सेवा करना।

रौंदा जाता हूँ रोज़ाना,

बिन किसी गलती जूते खाना,

काम छोटा, मैं नहीं महान

पर मैं भी चाहूँ थोड़ा सम्मान।

सेवा में -

आपका पायदान।

8

दुःख भरा था जो वक़्त
वो गुज़र गया,
और गुज़र जाएँगे
ख़ुशियों भरे यह पल।
 फिर गुज़रेंगे वो भी
  जो ठहरे हैं
इन लम्हों को ख़ज़ाना समझ समेट कर।

2

मौसम गाती रुबाई है,

   प्यासी धरती ने अपनाई है,

   लम्बा सफ़र कर आई है,

   नन्ही दिखती जो बरसाई है,

सागर की ही परछाई है।

पैदाइश,

परवरिश,

फ़ैसले,

कर्म,

मिलकर खिचड़ी बनाते हैं,

क़िस्मत थोड़ा तड़का लगा

फिर करछी हमें घुमाती है।

_11_

तोड़ता मरोड़ता हर कोई,

मनमर्ज़ी सबकी ज़बानी है,

समझे थे इतिहास जिसे,

बनी अब वो कहानी है।

12

बुढ़ापा,

यौवन,

बचपन,

अन्दर तीनों रहते हैं,

मौक़े कभी बिन मौक़े

अपनी अपनी कहते हैं।

आपस लड़ करते मनमानी,

परिणाम बस हम सहते हैं।

<u>*13*</u>

तू मेरी

मैं तेरी

नंगी पीठ खुजाता हूँ,

हुनर कम

प्रभता ज़्यादा

रोज़ यही ढोंग रचाता हूँ,

जैसे तैसे लड़ते मरते

मैं इंफ्ल्यूएंसर कहलाता हूँ।

<u>*14*</u>

पतझड़ के पत्ते की तरह

छोड़ूँगा एक दिन पकड़ी टहनी,

नए जंगल

      या नए बाग

ले जाएगी पवन फिर अपने साथ।

जन्मूँगा बसंत में फिर एक बार,

बन काँटा

      या कली बहार।

प्याले को अपने ख़ाली कर,

उठा कर ऊपर अपना सर,

पूछता हूँ मैं बादल से,

आसमान के इस सागर से,

    कि क्यों न बरसे तू मेरे घर?

16

दरिया कूद जाने बाद

    प्यासा मर जाने लिए,

सोचूँ क्यों मिलते साथ,

    आख़िर बिछड़ जाने लिए?

सोचूँ इसलिए बिछड़ना

    मिलने के मायने लिए,

दरिया आख़िर बनी प्रताप

    प्यास ही बह जाने लिए।

_17_

आज सवेरे करते सैर

पत्थर टकराए चलते पैर,

बोले —

    "पत्थर तेरे आभारी,

    रोमांच कहाँ ठोकर बग़ैर!"

<u>*18*</u>

रखती समय सम्भाल कर यह पुरानी दीवारें,

रिश्तों का अमन जुड़ना

और बीच पड़ती दरारें।

<u>*19*</u>

गिरी आज पेड़ से
कविता एक बूढ़ी,
सम्भाले थी भीतर
कहानी वह पूरी,
कि समय साथ मौसमों का
बदलना है ज़रूरी।

20

फूटा झरना चला समंदर

सागर होने की इच्छा अंदर

गिरता चट्टानों से लड़ता

बार बार टूट फिर जुड़ता।

भटकते हुए ढूँढे सहारे

दरिया दिल से दो किनारे

भाग पहले

    फिर धीमे चलता,

थक फिर सागर में मिलता।

पानी का टुकड़ा बनता सागर,

    लहरों फिर उछलता मंज़िल पाकर।

21

ख़ामोश आसमान

चाँद चंचल,

तारों से बनता हुआ वह हल,

लेट कर देखूँ पीठ के बल,

भूल बीता और आता कल।

बस मैं अकेला,

और मेरा यह पल।

<u>*22*</u>

कल रात देखा एक ख़्वाब,

हाथ में था हसीन गुलाब,

दिल खोल देता वह ख़ुश्बू,

पंखड़ी थी होंठों के रूबरू।

आँख खुली तो होंठ थे सूखे,

हाथ थे ख़ाली, नथुने रूखे,

गला मेरा था आब का तड़पा

और यह पेट पाखाने का तरसा!

<u>*23*</u>

एक सर्द सी बरसात में
छाता ले कर हाथ में
बीच अंधेरी रात में
चल रहा था वो अकेला,
ख़्वाहिश किसी मुलाक़ात में।

<u>*24*</u>

यह लकड़ी लपटों की यारियाँ,

नाज़ुक इश्क़ चिंगारियाँ,

कुछ पल जल इतराएँगी

    फिर बुझ कर राख कहलाएँगी।

<u>*25*</u>

उजला चेहरा
    घूँघट सजना
        ढलते आफ़ताब पर बादल घना
ख़ूबसूरत कितना यह शाम का समाँ।

<u>*26*</u>

छोड़ पूर्णिमा, आधा पधारे,

रौशनी देता सूरज सहारे।

फिर भी लोग क्यूँ चाँद निहारें,

जलते बुझते बिखरे बेचारे,

सोचते हैं आसमान में तारे।

<u>*27*</u>

होते ही तेरे दिन की शुरुआत

ज़बान पर होती है मेरी बात,

दूर सही पर रखती तू पास

करे खुद से पहले मेरी अरदास।

बिन मेरे न खाती निवाला

यह कैसी है तेरी ममता

कैसा रिश्ता यह निराला?

<u>*28*</u>

नदी किनारे पत्थर यह सारे

बेक़ाबू जल के बनते सहारे।

बेक़ाबू सोच से तू भी न हारे

इसलिए जीवन में तेरे पत्थर सँवारे।

<u>*29*</u>

बादल है या है बुढ़ी का बाल,

बीच से झांके रोशोगुल्ला विशाल,

हर तरफ़ बिखरे शक्कर के टुकड़े,

बनाने वाला है हलवाई कमाल,

रात सजाई जिसने मिठाई की यह थाल।

_**30**_

स्वयं से बनता है परिवार

परिवार से बनता है समाज

समाज ने बनाए यह प्रदेश

प्रदेश हो जाएँ एक तो बनता है देश

स्वयं से देश केवल चार कदम का ही तो फ़ासला है।

<u>*31*</u>

देख यह हीरे सा पानी,

देख काँच का आसमान,

देख जहान तराशा दुरुस्ती,

होता है यह मन हैरान,

क्यूँ सजाए जवाहिरात उसने,

था क्या उसका फ़रमान?

32

छूना चाहता है ज़मीन

    झुक रहा आसमान,

चाँद की चाहतों में

    समंदर भी लगा रहा छलाँग।

हर कोई है यहाँ अधूरा,

    अधूरी ही सबकी यहाँ माँग।

<u>*33*</u>

मस्तिष्क पर देते हैं भयंकर सा घाव,

वह लोग जो बाँटे बिन माँगे सुझाव,

चिंता संसार की ले कर यह जीते,

चाहे न आते हों बांधने फ़ीते,

ज्ञान बाँटने का रहता इन्हे फ़ितूर,

ऐसे विद्वानों से मुश्किल रहना दूर,

बातों से अपनी दिमाग़ भरते भूसा,

न जाने कितनों का खून इन्होंने चूसा।

34

आज सवेरे देखी एक नन्ही ओस की बूँद
चमक रही थी खूब, दर्शाती अपनी होंद।

"चल अब तू कुछ और जी भर के चमक ले,
इस यौवन के रंगों में थोड़ा और दमक ले,
आती होगी धूप तेरा अस्तित्व मिटाने,
तेरी इस चमक को मिट्टी में मिलाने।"

<u>*35*</u>

यह खेल है केवल ऊर्जा का

जो बदले हर पल लिबास,

कभी मेरे और कभी तेरे

भीतर करे अपना निवास।

लेन देन रहे इसका सतत,

बंटी है सब में बनकर श्वास

कण के बाहर,

      कण के अंदर

विश्व का भविष्य और इतिहास।

<u>*36*</u>

आज शाम को सूरज ढलते,

बाग में रोज़ की सैर करते,

देखा एक छोटा सा कीड़ा,

जो ढूँढे था पत्तों में शीरा।

रिज़्क़ खोजता भटके अकेला,

सोचे फिर होगी कब बेला,

खाऊँगा कब फिर पेट भर कर,

इस बढ़ती व्यग्रता को हर कर।

<u>*37*</u>

एक दरख़्त के तने की स्थिरता

और उसकी जड़ों की दृढ़ता

रखती उसे मज़बूत जैसे पाषाण,

फिर चाहे आँधी हो या हो तेज़ तूफ़ान।

क्यूँ न दरख़्त जैसे बने इनसान?

38

सब्र ने पूछा हड़बड़ी से —

      क्यूँ रहती है तुमको जल्दी?

      मेरा फल होता है मीठा,

      तुम्हारी खेती न है फलती।

      बाँधों तुम भी धीरज थोड़ा,

      थामो अब तुम दामन मोरा,

      निर्मल आनंद मेरा संसार,

      भरोसे से करता मैं प्यार।

<u>*39*</u>

आते हैं मेरे आँगन में

दो चार पक्षी यूँ ही रोज़ाना।

भाती हैं उनकी नन्ही उड़ानें

खुल के उनका पंख फैलाना।

मुस्कुराती वह नाज़ुक सी चोंच,

साथ मधुर संगीत चहचहाना।

कर बैठूँ मैं उनसे लगाव,

पर वह तो ढूँढते बस अपना दाना।

_40_

आज सवेरे पलंग पे मेरे

किरणों ने नए रंग बिखेरे,

देखा मैंने रवि की ओर

पूछा आज अलग क्यूँ भोर?

बोला रवि —

"अब क्यूँ हैरान?

रखा जो कविता का अरमान,

समेटो अब रौशनी का वरदान,

मेरी कविता है इसी में बयान।"

<u>*41*</u>

करता मशक़्क़त हर दिहाड़ी,

ढोता बोरी कट्टे भारी,

साथ झेले कठोर गारी,

रखता है मिट्टी से यारी।

खींचे टूटी ठेला गाड़ी,

चाहे भीड़ की मारा मारी,

सहता ग़रीबी की लाचारी,

रोटी का ज़रिया पल्लेदारी।

खंड २ – मनन

आया था राह चलने लिए,

अनेक मुक़ाम बना बैठा।

मिट्टी न मिलें मेरे निशान,

इस कोशिश जान लुटा बैठा।

मंज़िल मंज़िल खेलते खेलते

राह का मज़ा ही गंवा बैठा।

_43_

हँसने की आदत डाली है,

ख़ुशी का कुछ एहसास नहीं,

आँसू भी अक्सर ढुलते हैं,

पर दुःख भी कोई ख़ास नहीं।

नक़ाबों में वक़्त गुज़रे अपना,

गहरे अपने जज़्बात नहीं।

44

भीड़ में अकेला अदृश्य सा

किसी अनजाने रहस्य सा

खो जाऊँगा एक रात।

बिखर ऊर्जा में समस्त सा

संध्या के रवि अस्त सा

सो जाऊँगा एक रात।

चलता रहेगा समय व्यस्त सा

हो जाऊँगा बीती बात।

45

हासिल किए को खोने के डर से
हौंसला कमाना मैं भूल गया,
तालाब दायरे में बंधा सा मेंढक
छलाँग लगाना मैं भूल गया।

46

गठरी कुछ पलों की

बांध रखी है मैंने,

  तंग होती जब राह

  खोल इसे बेपरवाह

  अंदर एक पल झाँक लेता हूँ मैं।

गठरी धड़कनों की

बांध रखी है मैंने,

  तंग होती जब चाह

  दिल को रोक बेपरवाह

  अंदर एक पल झाँक लेता हूँ मैं।

<u>*47*</u>

भागते थे यह कदम

लगा के अपना पूरा दम

सर पर था जोश सवार

बिन दिशा पर तेज़ रफ़्तार

अब धीमे हैं यह कदम

चलते

     रेंगते

          जाते थम।

सर पर है बूझ का भार,

दिशा साफ़

       पर धीमी रफ़्तार।

<u>*48*</u>

बिन समझे मेरे हुनर

बिन जाने मेरा प्यार

लाद रहे लोग इन कंधों पर

अपने अधूरे सपनों का भार

मेरी सफलता है इनकी कामयाबी

पर मेरी हार बस मेरी हार

दूसरों का जीवन जीते रहना

मेरी कहानी का इतना ही सार

<u>49</u>

पल लगे जो ख़्वाब जैसा
क्या पल यह मेरा ख़्वाब ही है?

कुछ लगे हक़ीक़त जैसा
फिर लगे सराब ही है,
इत्तफ़ाक़न सोचा ख़्याल जैसा,
सब सवालों का जवाब ही है।

<u>*50*</u>

क्या मेहनत के रंग हूँ पहने

    या क़िस्मत ने इन्हें बुना है?

क्या राहें ख़ुद चुनी हैं मैंने

    या रास्तों ने मुझे चुना है?

क्या मैंने उसके हुकम को माना

    या मेरी अरदास को उसने सुना है?

_51_

नाम नहीं

धर्म नहीं

जात नहीं

लिंग नहीं

रंग नहीं

पोशाक नहीं

ज़बान नहीं

पहचान मेरी कर्म से हो

सोच के मेरे ढंग से हो

<u>*52*</u>

लुटाता रहा दिल अपना
औरों पर ज़िंदगी भर,
अब बची कुछ मुहब्बत
बस अपने लिए रखता हूँ।

कीं तमन्नाएँ मैंने बहुतों की पूरी,
बचे हुए कुछ सपने
बस अपने लिए रखता हूँ।

53

हो चौकन्ना देखूँ बाहर

    भूल कर के अंदर क्या है

लेकर प्याला खोजूँ सागर

    भूल अंदर बहता दरिया है

<u>*54*</u>

राह है?

कहानी है?

सुख है?

परेशानी है?

समय की रवानी है?

जाने क्या ज़िंदगानी है?

55

बाहर के शोर से टूटा थोड़ा
  भीतर शोर से चूर हुआ
नज़दीक ख़ुद के आया नहीं
  दुनिया से भी मैं दूर हुआ

<u>56</u>

समय में रह कर

समय में बह कर

समय समझना नहीं सुगम।

समय को त्यागूँ

जब समय से जागूँ

समय समझना हो सरल।

57

बुनियादी सवालों पर थोड़ा विचार

करनी थी ख़ुद से जो बातें दो चार

शोरगुल के बीच खो रहीं कहीं।

करना था ख़ुद से जो गहरा प्यार

अपने जज़्बातों का थोड़ा दुलार

इस माया लगाव में खो रहा कहीं।

<u>*58*</u>

आगे निकलने की होड़ में
बेमंज़िल इस दौड़ में,
छोड़ कहीं सुकून को पीछे
आनंद अपने भीतर दबोचे,
क्यों भाग रहा है तू संसार?

<u>*59*</u>

रोज़ी की उम्मीद में
    मज़दूरी मैं करता रहा
रख पेट अपना ख़ाली
    जेबें दूसरों की भरता रहा

<u>*60*</u>

अधूरी चीज़ों से

    अधूरे लोगों से

        अधूरा मन पूरा करने चला

अधूरी कोशिश थी

    अधूरी ख्वाहिश थी

        अधूरा जीवन मैं भरने चला

<u>*61*</u>

सोच पुरानी भुला कर

कुछ नई सोच पा जाता हूँ,

खोते भटकते दुनिया मैं

एक रास्ते ओर बढ़ जाता हूँ,

उलझनें कुछ सुलझा कर

कुछ नए सवाल कमाता हूँ।

समय कुछ निकाल जब

ख़ुद के साथ बिताता हूँ।

<u>*62*</u>

लड़ने की आदत डाल तू,
हो हार से न निहाल तू,
इकट्ठा होते मुश्किल यह,
   सपने अपने सम्भाल तू।

<u>*63*</u>

पहुँच कर एक मुकाम फिर
    दूजी मंज़िल ईजाद हुई,
मंज़िल मंज़िल चलते चलते
    ज़िंदगी अपनी आबाद हुई।

<u>*64*</u>

कुछ अजीब शख़्स हूँ मैं
ख़ुद ही से प्यार करता हूँ,
सजा कुछ खोखली तस्वीरें
शोहरत का व्यापार करता हूँ।

<u>*65*</u>

चलना है

चल कहीं पहुँचने लिए

    पहुँच दोबारा फिर चलने के लिए,

दरिया से सागर,

सागर से बरखा,

    बरखा फिर दरिया होने लिए।

<u>66</u>

घूम रही हैं इर्द गिर्द कहीं

करतीं कारण का इंतज़ार,

एकाग्र हो कर गिनतीं साँसें

समय से करतींगहरा प्यार,

कभी दुख हरता, कभी दुखदाई

कभी आनंद, कभी अत्याचार।

मौत से इस जीवन का मूल,

मौत से चलता यह संसार।

67

पीड़ा की लगी आदत
मुश्किलें बनीं मनोरंजन,
पसीने घुलते आँसू
पत्थर होता व्यंजन।

संघर्ष मिलती राहत
हार से होता संगम,
काम न आए इबादत
मेहनत जीवन रंजन।

<u>68</u>

न डर

न लगाव

न चिंता

न दबाव

न सुख दुःख जैसा कोई भी भाव

मौत से पहले मिले ऐसा एक पड़ाव।

<u>*69*</u>

जलते उछलते अंगारे

भटकते हम बेचारे

थक फिर जीवन हारे

उस अग्नि से बिछड़ कर

70

यह सब जो चिंताएँ हैं

मन चलती तमन्नाएँ हैं,

अंदर चलते जो सवाल हैं

तेज़ धड़कन भूचाल हैं,

    हल इनका अभी में है

    पल इनका अभी में है।

<u>71</u>

जब सोच पर हो बंदिशें,

तो ख़्याल कैसे भरें उड़ान?

सोच की हो समझ जहां तक

फैला वहाँ तक तेरा जहान।

<u>72</u>

रुका मैं यहाँ

चलता जहान

साथ नहीं अपने

खोया हूँ कहाँ?

साँस है क़ायम

धड़कन परेशान

चीख़ता है मन

पर चुप है ज़बान।

73

कर रहा था बैठा
लम्बे भविष्य की तैयारी,
पंख फैलाए आँख मूँद
करता बादलों की सवारी,
मुट्ठी फिसले फिर मेरे सपने
आयी आज जाने की बारी।

<u>74</u>

कदम बढ़ाता हूँ मैं

      रास्ता चुनता कोई और है

ठोकर गिरता हूँ मैं

      सम्भालता कोई और है

दुःख से हारता हूँ मैं

      मनोबल दे कोई और है

निराश सोता हूँ मैं

      भोर करता कोई और है

साँस लेता हूँ मैं

      डोर पकड़े कोई और है

75

बीते पलों के अफ़सोस से,

कारणों की खोज से,

सवालों के बोझ से,

खोए हुए के सोज़ से,

    बेफ़िक्र होना चाहता हूँ मैं।

<u>76</u>

आना जाना लगा है यारों

साँसें गंवाना लगा है यारों

कर्म कमाना लगा है यारों

हँसना रुलाना लगा है यारों

खेल निराला लगा है यारों

ऊपर सयाना लगा है यारों

77

ज़मीन से तेरा रिश्ता है गहरा

ज़मीन की पहचान देता है चेहरा

मिट्टी की सजावट जिस्म-ओ-सेहरा

ज़मीन से मिल जाना तय है तेरा

<u>78</u>

लफ़्ज़ जहाँ होते हैं ख़त्म

शायरी होती वहाँ शुरू

जश्न जहाँ होते हैं ख़त्म

यारी वहाँ होती शुरू

सवाल जहाँ होते हैं ख़त्म

ज्ञान वहाँ होता शुरू

धड़कनें जहाँ होती ख़त्म

इश्क़ वहाँ होता शुरू

79

शब्दों की इस दुनिया में

  ध्यान लगा कर सुनता चल,

कहानियों की इन कड़ियों में

  अपना फ़साना बुनता चल।

<u>*80*</u>

दौड़ते हुए अक्सर रुक जाते कदम,

ख़ामोश से पल, दिल भी जाता थम,

संजीदगी से फिर पूछता यह मन —

क्या चलता है समय और ठहरे हैं हम?

<u>*81*</u>

अच्छा लगता है कभी कभी

भीड़ में अकेला रहना,

भरे शोर गुल के बीच

चुपचाप कुछ न कहना।

न दुःख का तनाव

न सुख का कोई भाव

रगों में बस आनंद का बहना।

<u>*82*</u>

छोटा सा एक रोआं कपड़े की थान में

लुड़कता एक पत्थर हीरों की खान में

मामूली सा क़िस्सा कहानी बयान में

बेख़बर सी रूह फैले बेशुमार ज्ञान में

मिट्टी का हूँ टुकड़ा इस असीमित जहान में।

<u>*83*</u>

आते हैं इस जीवन में
ऐसे कुछ क़ीमती पल,
मुश्किल ऐसी घड़ियाँ
जब फ़ैसले बदलें कल।

दुविधा के इन मौक़ों का
एक ही सरल है हल,
सुनना अंतर आवाज़ को
फिर चाहे जो हो फल।

<u>*84*</u>

छोटी सोच

छोटे विचार

छोटा नज़रिया

छोटा संसार

जितनी सोच

उतना विस्तार

सोच में है जीवन का सार

85

दूर देश के छोटे गाँव

ढूँढते घने पेड़ की छाँव

करें हरे खेत घेराव

जहां चलता मैं नंगे पाँव

कर महसूस मिट्टी का लगाव

भर भीतर शीतल से भाव

ध्यान सुनूँ कुछ मन सुझाव

<u>*86*</u>

मंज़िल की ख्वाहिश निकलता है राही

ख़्वाबों के हाथों मजबूर,

रास्तों से फिर निकलते हैं रास्ते

और चलना पड़ता है दूर।

ख़्वाब तो फिर भी रह जाते अधूरे,

राही दम तोड़े, समय जब साथ छोड़े,

टूटे थक हार के चूर।

87

नए खिलोने इकट्ठा करके
चली बचपन की खोज,
उम्र हो रही सालाना छोटी
छोटी हो रही सोच।
गुरूर छू रहा ऊँची चोटी
वासनाएँ रहीं दबोच,
बाल यह भूरे मुझको घूरें
ढोएँ कर्मों का बोझ।

88

किसी अनजान लक्ष्य की तलाश में
        एक कछुआ पंछी के लिबास में
पंख फैलाए गुलाबी आकाश में
        चल रहे अंतहीन प्रवास में

यूँ ही उड़ता जा रहा हूँ मैं

89

बात है भीतर के ठहराव की

खुद के खुद से लगाव की

स्वयं के मूल्यांकन भाव की —

है कोई बहुत अकेला,

और कोई अकेला ही बहुत है।

90

चला था सोच कर के जाना है दूर,

रास्ते को मेरे कुछ और था मंज़ूर,

चल चल कर पाँव हुए मजबूर,

ठहरा मध्य मंज़िल थक हार कर चूर।

ले हाथ साबुन, साथ थोड़ा पानी

मैल को ख़त्म करने की जब मैंने ठानी,

बना पतीला ढीठ लड़ने को तैयार,

बोला "न मानूँगा इतनी आसानी से हार।"

फिर गुस्से मैंने उठाया मार्जक कड़ा

बोला पतीला "मैं हूँ चिकनायी से भरा,

करलो जितना जतन और तुम कठिन वार,

कड़ी मैल और मेरा है बरसों का प्यार"।

<u>92</u>

समझ को लेकर समझूँ संसार

थोड़े ज्ञान में चाहूँ सार

तभी तो हर पल रहूँ अधूरा

बड़े नाटक में छोटा जमूरा।

पर गुरु सिखाए समझ को छोड़

चाहता ज्ञान तो अहम को तोड़

ज्ञान मिले निर्मल हृदय को

सर झुका और हाथ जोड़।

93

सवालों से पहले स्वयं जवाबों को समझना होगा,

राह दिखाने से पहले खुद भी तो संभलना होगा।

दूसरों को कर्तव्य याद दिलाना है बहुत आसान,

बदलाव के लिए पहले खुद को भी बदलना होगा।

<u>94</u>

मुलायम बिस्तर का करेंगे क्या
        जब नींद ही मेहनत से आनी है,
रेशमी सिरहानों के मुहताज तो वह
        जिनकी फ़ितरत बेईमानी है।

<u>25</u>

अपना पेट तो भरते हैं सब

कभी औरों को भी निवाला खिलाओ,

शरीर की ज़रूरत तो करते सब पूरी

इस रूह की भूख भी कभी मिटाओ।

एक बढ़िया नौकरी दे अच्छी पगार

बीवी के लिए साथ एक मोटर कार

परिवार में थोड़ा बहुत आदर सत्कार

मैं मध्यम वर्ग, यह मेरी दरकार।

देखता हूँ सपने कभी दो चार

शायद हो मेरा भी बड़ा व्यापार

मैं भी बन सियासी चलाऊँ सरकार

पर रह जाता बैठा बस पढ़ते अख़बार।

मैं मध्यम वर्ग, मध्यमता मेरा संस्कार।

97

करता आज परों पर गुमान

कल राख बन उड़ जाऊँगा,

पहनता आज सर पर ताज

कल तलवों की धूल कहलाऊँगा,

करता आज समय पर राज

कल पल का मुहताज रह जाऊँगा,

मिट्टी का बना, मिट्टी से वजूद,

मिट्टी में ही मिल जाऊँगा।

<u>*98*</u>

तैरेगा जब बहाव के आगे

पहुँचेगा समंदर नदी का पानी,

चुनेगा लेखक शब्द जब ताज़े

रचेगा तब एक नई कहानी।

सोया प्रारब्ध है तब जागे

बदले जब कोई आदतें पुरानी।

किया है जमा मैंने

बुरी आदतों का भंडार

साथ इकट्ठा बेतहाशा

हानिकारक से संस्कार

करता मेहनत से परहेज़

साथ आलस्य बेशुमार

फिर कैसे बदले क़िस्मत

कैसे हो बेड़ा पार?

खंड ३ - आशा

_**100**_

एक

से अनेक

बनते लगती न देर

चाहिए होता बस पहला दिलेर

उठा सके कदम जो हिम्मत के साथ

नैतिकता पहले और सच्चाई दूसरे हाथ

लक्ष्य से न डगमगाए चाहे कठिन हालात

फिर एक एक जुड़ कर बन जाते दो

साहस फिर जुटाते हैं साथ सैंकड़ों

कहलाती सेना जनता भी आम

बनती है सैलाब आँधी तूफ़ान

चाहे तो ढा दे वह ऊँचे पहाड़

बदल दे चाहे विश्व आकार

इरादे होते बहुतों के नेक

साहस पर पहले

करता है

एक

राहें जो छूट गईं

अब उनका ग़म न कर,

पीछे यूँ मुड़ कर

रफ़्तार अपनी कम न कर।

मोड़ जो तूने न लिए,

न मुड़ना तेरा तय ही था,

जिस मुक़ाम आज खड़ा है तू,

यहाँ होना तेरा तय ही था।

<u>*102*</u>

हारों का हार पहन गले

मन संकल्प भर तू चल,

निराशा भार तू छोड़ गिले

मन में आशा भर तू चल।

कदमों से तेरे पर्वत भी हिलें

मन साहस भर तू चल,

हो चाहत तो प्रभु भी मिले

मन को दृढ़ कर तू चल।

_103_

यह गुज़रती रात कुछ अजीब सी,

काला आसमान चाँदनी भी गरीब सी।

सुनाई देता सन्नाटा बर्फ़ीली हवाओं में,

चलता मैं अकेला घने जंगल की छाँव में।

चाहते मुझे डराना बादल भूरे विशाल,

लगता है जैसे मौत ने बिछाया जाल।

पर मैं देखूँ जुगनू टिमटिमाता कहीं दूर,

ख़ुद ही बन सकूँ कैसे रौशनी से भरपूर।

<u>*104*</u>

गलती करने से क्या घबराना

यह ग़लतियाँ भी ज़रूरी हैं,

तेरे लक्ष्य और सिद्धि के बीच

इन ग़लतियों की तो दूरी है।

तो कर ले अब कुछ ग़लतियाँ,

सीख ले कुछ सबक़ कमाना।

जो ग़लतियों से यूँ डरता रहता,

कैसे आगे बढ़ता यह ज़माना?

_**105**_

हुनर,

चाहत,

इच्छा

अक्सर धक्के खाते हैं

अवसर की तलाश में,

    और अवसर भटके अक्सर

    तेरी नीयत की अभिलाष में।

<u>*106*</u>

कर के फ़ाका पूरा साल

खाई आज फिर से मिठाई

दिवाली के बहाने से,

लगी आज फिर से गले

जफ्फियाँ जो हुई थी परायी

दिवाली के बहाने से।

<u>*107*</u>

तू क्यूँ हारी बैठी है?

चल अब उठ कुछ चाल बना।

क्यूँ दुखियारी बैठी है?

ज़ख़्म को अपनी ढाल बना।

डर तुझे किस बात का है?

दुर्गा काली सब अंदर है।

इंतज़ार किस के साथ का है?

जब साथ तेरे फैला अंबर है।

<u>*108*</u>

हर राह चलते की राय

    तेरी ज़िंदगी का सबक़ नहीं

हाथ लगी हर शिकस्त

    तेरी क़ाबिलियत पर शक नहीं

_109_

चलते चलते एक दिन

रुक जाएगी ज़िंदगी,

तय है जो मंज़िल

पा जाएगी ज़िंदगी।

तो क्यों निरंतर दौड़ने की सहें हम सज़ा,

क्यों न इस सफ़र का लें कुछ मज़ा।

<u>*110*</u>

किनारे बैठ झील क्या निहारते हो,

पानी के रंग से गहराई नापते हो।

जिगरा है तो ज़रा गोता लगाओ,

कुछ तो डूबो

    थोड़ा तो गहरा जाओ।

<u>*111*</u>

आई थी ज़िंदगी फिर मुझसे लड़ने,

मनोबल का मेरे फिर ख़ात्मा करने।

हँस कर जो मैंने चुनौती स्वीकारी,

देख मेरा प्रकोप ज़िंदगी झट हारी।

<u>*112*</u>

आयी है गाड़ी
        चढ़ूँ मैं सवार
सब्र हुआ ख़त्म
        कर इंतेज़ार
अब है मेरी बारी
        देखूँ मैं संसार

<u>*113*</u>

सुन कर कभी अपनी साँस
    बैठ कभी तो खुद के पास,
बाहर ढूँढता तू सुकून जो
    अंदर ही कहीं करे निवास।

<u>*114*</u>

जो देखा है सपना, तो मान उसे अपना

और रख अपने दिल के पास,

जो सपनों को छोड़ें

    अलग राह मुँह मोड़ें,

बेमानी ही लेते वह साँस।

<u>*115*</u>

विशाल पत्थर रास्ता रोकें
उम्मीद राह बनाती है
बिजली तूफ़ान डरातें हैं
उम्मीद जान बचाती है
काँटों में फूल चुनता हूँ
उम्मीद हाथ बँटाती है
अकेले कहाँ इस जहान में हम
उम्मीद जो हमारी साथी है।

116

जब दिल में भरी पुकार हो

वाणी से सत्य साकार हो

मन में उज्ज्वल विचार हों

कर्मों में उत्तम संस्कार हों

और ज्ञान का हथियार हो

जीवन में फिर कहाँ हार हो?

_117_

रख रहा हूँ कदम

 एक नए जहान में,

लगाता हूँ दाँव

 एक नए इम्तिहान में

चला हूँ फिर नई गुस्ताखियाँ करने

 गिरते संभलते, चुनौतियों से लड़ने।

<u>*118*</u>

खुला समुंदर

तेज़ बहाव

मैं अकेला

अकेली नाव

सख़्त लहरें

गहरा घेराव

खेलता मैं डांड़ के दाँव।

<u>*119*</u>

ख़ुशियों के कई ज़रिए
आनंद का बस एक,
निस्संकोच करना मेहनत
रख नीयत को नेक।

120

देख आगे जो चढ़ता सूरज

देख सामने चमकता पूरब,

बीत गए वह गुम अंधियारे

बढ़ छोड़ कर वह गलियारे।

    रौशनी खड़ी राह है देखे

    फिर क्यूँ न पछतावों को फेंके ?

घोर अंधियारा भी जाता है भाग

रौशन हो जहान, जब भीतर हो आग,

तैयार जो बाती करने को त्याग,

बताता यह कहानी एक छोटा चिराग़।

<u>*122*</u>

क्यूँ न ज़िक्र करें उन लम्हों का
         जिन से मन को आराम मिले,
धड़कन दौड़े दिल की जिनसे
         कर याद जिन्हें मुस्कान खिले।

क्यूँ न ज़िक्र करें ऐसे लम्हों का
         कि यह लम्हें भी यादगार बनें।

<u>*123*</u>

छोटी सी ज़िंदगी

और विशाल यह संसार,

समय तेरा कम

और इच्छाएँ हैं हज़ार।

तो मलाल में क्यूँ करता समय तू बेकार?

जी भर के मना मिली ख़ुशियाँ दो चार।

<u>*124*</u>

निस्संकोच मेहनत,

लहू में लिपटा तेरा पसीना।

अनेक वासना त्याग,

सिर्फ़ लक्ष्य के लिए तेरा जीना।

निर्मल उदार हृदय,

मुस्कुराते असफलता के घूँट पीना।

हर चुनौती को घुटने टेकने पर मजबूर कर देती हैं।

125

प्राण खोने के कई तरीक़े,

    जीने का बस एक

प्रण न माने हार जब तक,

    प्राणों में हो सेक।

<u>*126*</u>

बस चंद दिनों की बात है
    खुद से यह कहना होगा,
माना परिस्थिति कठिन है
    दुःख और सहना भी होगा,
चुनौतियों का बड़ा गठन है
    पर हमें लड़ते रहना होगा,
चाहे मौत रास्ता रोक खड़ी है
    जीवन को बढ़ते रहना होगा।

<u>*127*</u>

इस रात में कुछ बात है

लगे वर्षों से साथ है

तारों से बस नाते लगते

पराई तो अब प्रभात है

यह वर्ष तो वनवास है

जीवन कारावास है

पर मन कहे यह सज़ा नहीं

एक नई शुरुआत है

<u>*128*</u>

इस निरंतर चलती दौड़ में
थोड़ा आराम तो जायज़ है,
सपने पाने के कोशिश में
होना नाकाम तो जायज़ है।

पर दौड़ से थक कर दौड़ना छोड़ूँ
ऐसे मेरे रिवाज़ नहीं,
टूटे सपनों से हिम्मत टूटे
ऐसे मेरा मिज़ाज नहीं।

<u>*129*</u>

जो सपने कुछ पिरोता है,

जो अपने मन का श्रोता है,

मेहनत के बीज जो बोता है,

क्या वह ही नहीं सफल होता है?

तो क्यूँ न कुछ नए सपने बुनें,

क्यूँ न निडर दृढ़ निश्चय करें,

निंदक को हटा पीछे धरें

मन भर जज़्बा आगे बढ़ें?

सर उठा कर देख आसमान,

बैठा क्यूँ आँखें मूँदे?

जो तू अवसर खोज रहा,

अवसर भी तुझको ढूँढें।

सच्ची हो तेरी प्यास अगर

तो बरसें तुझ पर भी बूँदें।

<u>*131*</u>

दरवाज़े भी खुलेंगे

पहले ताला तो हटाओ

दिखेगी नई रौशनी

ज़रा पलकें तो उठाओ

रास्ते भी नए मिलेंगे

कुछ कदम तो बढ़ाओ

<u>*132*</u>

देखा है मैंने बिखरते

सपने जो थे अज़ीज़

और अरमानों को मरते

थे जो दिल के क़रीब।

फिर भी रोज़ हूँ बुनता

कुछ और नए ख़्वाब,

करना अभी मुझे पूरा

खोए अरमानों का हिसाब।

<u>*133*</u>

लियाक़त बिन मौक़ा

     और मौक़े बिन लियाक़त

होते हैं अक्सर बेकार,

जब मिल जाएँ साथ

     बनती तब बात

और करते हैं सब जयकार।

तो करें कुछ मेहनत

     बनें और काबिल

थोड़ा सब्र और इन्तज़ार,

बिन बताए हैं आते

     यह चुनिंदा से मौक़े

रहें फिर क्यूँ न तैयार?

<u>*134*</u>

आग जो अंदर जल रही

    आग जो सुलग रही

न बुझने दे इसे

    न तू रुकने दे इसे।

यह आग जब गर्माएगी

    दिशा तुझे दिखाएगी

तेरा अंधियारा ही नहीं

    औरों की ज्योत भी जलाएगी।

135

क्यूँ समझे तू खुद को हल्का

क्यूँ खोता आत्मविश्वास,

प्रताप छुपा तेरे भी अंदर

फेंक उतार डर लिबास,

आभिदान तेरा चाहे हो छोटा

रचता है वह भी इतिहास।

खंड ४ - काव्य प्रेम

<u>*136*</u>

सागर सा विशाल दुःख

जब नन्हे आँसुओं में समाता है,

आँखों से छलक कर

कलम की स्याही बन बह जाता है,

आम लफ़्ज़ों का ऐसा मेल

शायरी फिर कहलाता है।

<u>*137*</u>

एक सादी कुर्सी पर बैठ

ब्रह्मांड की सैर कर आता हूँ,

शब्दों के धागों को बुन

कुछ कहानियाँ सी जाता हूँ,

स्याही के रंगों से रंगे

हसीन सपने सजाता हूँ,

भाग्यशाली हूँ कितना जो

नन्ही पंक्तियाँ लिख पाता हूँ।

<u>*138*</u>

मैं तो बस वही कहता हूँ
जो धीमे से मेरे कानों में
कविता फुसलाती है।

मैं तो बस वही लिखता हूँ
जो समय मुझसे गुज़रते
अपने निशान छोड़ जाता है।

_**139**_

भीषण तूफ़ान बिना आहट,

कम शब्दों में बसी कहावत,

गहरी चोट की मरहम राहत,

गहरी चाहत से करी लिखावट।

<u>*140*</u>

बिन किए ज़्यादा आवाज़

खोलती रही तू दिल के राज़,

किया था मैंने कितना भरोसा

कविता तू निकली दग़ाबाज़।

<u>*141*</u>

मुर्दा हुए फूल

मुस्कुराते हैं ज़िंदा

जुड़ते जब धागों से,

वैसे ही गाते

जुड़ते हुए लफ़्ज़

खामोशी के रागों से।

142

न कलम मेरी,

न काग़ज़ मेरा,

न सोच मेरी,

न साहस मेरा,

न कल्पना मेरी,

न प्रयास मेरा।

सब कविता तेरी,

सब रस तेरा।

<u>*143*</u>

सौ दुःख कमा कर
शेर एक ईजाद हुआ,
    आँसुओं की रिहाई कर
    दिल अपना आज़ाद हुआ।

144

दिल के किसी कोने में कहीं
जो बातें तुझे सताती हैं,
पाप,

ग़लतियाँ,

दग़ाबाज़ी,

जो बातें तुझे डराती हैं,
छुपी उसी में कहानी है।
यही तो सबको सुनानी है।

145

सालों से छुपाये थे मैंने भीतर अंधेरे।

अब ख़ाली काग़ज़ की तेज़ रौशनी से घबरा कर

ख़्याल मेरे अक्सर आँखें मूँद लेते हैं।

<u>*146*</u>

टूटे दिल के छोटे टुकड़े
लफ़्ज़ बन कर बिखरते हैं,
आशिक़ कभी कहलाते थे हम
अब शायर बन कर फिरते हैं।

_147_

अमूर्त ख़्याल,

धुंधली कल्पनाएँ,

और उलझे हुए जज़्बात,

ढूँढ रहे बेसब्री से

कुछ सुलझे शब्दों के हाथ,

साफ़ नीयत से बहती स्याही,

और किसी उत्सुक कवि का साथ।

<u>*148*</u>

हज़ारों लोग

लाखों पंक्तियों में,

करोड़ों लफ़्ज़ों से,

चुनिंदा जज़्बात करते बयान।

जुड़े हैं सब दिल से

और दिलों से जुड़ा है

जज़्बाती शायरों का यह बिखरा जहान।

<u>*149*</u>

पंखुड़ी जैसे नाजुक लफ़्ज़

कलियों सी कविता में सिमटे

महकते रहें मेरे चमन में,

इसी कोशिश में जज़्बात के कुछ बीज बोता हूँ।

<u>*150*</u>

लिख कुछ दुनिया का हाल,

बिन संकोच तू पूछ सवाल।

चाहे चले सब बिना लय के,

टूटे न कविता की ताल।

151

अटकी कहीं बीच समंदर

ख़्यालों की कश्ती ढूँढे किनारा,

जज़्बात में डूबती यह शायरी

माँगती चुनिंदा लफ़्ज़ों का सहारा।

किया यतन कितना इस कलम ने,

ख़त्म हो रही अब इसकी स्याही

थक रहा है यह बेचारा।

<u>*152*</u>

कभी गहरा घाव है,

लफ़्ज़ों का बहाव है,

कभी मन का तनाव है

और अनुभवी सुझाव है।

कभी मीठा स्वभाव है,

काग़ज़ फेंका दाँव है।

कविता —

  एक खरा भाव है।

_**153**_

डूबेगी इन ख़्यालों की कश्ती,

सोच भी ढूँढेगी किनारा,

जानता हूँ कि इक दिन

टूटेगा यह चमकता सितारा,

आऊँगा तुम्हारी ज़िंदगी में

फिर भी लफ़्ज़ बन मैं दोबारा।

<u>*154*</u>

शब्दों से बढ़ती दूरियाँ

और शब्दों से बनता मेल,

शब्दों से होते यह सौदे,

शब्दों का है सब खेल।

155

तोड़े अनेक कलम,

लगाया काग़ज़ों का ढेर,

गँवाए हैं मैंने कितने ही रात सवेर।

आज़मायीं तरकीबें कितनी

     पर फिर भी बदला न फेर।

जाने कब बनेगा एक पढ़ने लायक़ शेर?

<u>*156*</u>

कलम से निकल रही यह जो वाणी

क्या तेरा छोटा अंश है?

क्या बताती यह सिर्फ़ तेरी कहानी,

या बसा इसमें वंश है?

157

कुछ पड़े थे बिखरे टूटे

शब्द भी थे पंक्तियों से रूठे,

कलम का भी गला था सूखा

पर काग़ज़ था जज़्बात का भूखा।

आँख मूँदी तो लफ़्ज़ हुए इकट्ठा,

क़ाफ़ियों का फिर लगा एक जत्था।

जज़्बात निकलते फिर लगी न देर,

बैठे बिठाए बना एक शेर।

<u>*158*</u>

इन कहानियों के जहान में
        एक क़िस्सा मेरा भी हो,
भरी शायरी की खान में
        एक हिस्सा मेरा भी हो,
दाग़ते हैं लफ़्ज़ कई अपनी कलम कमान से,
        दिल को चीरने वाला एक तीर मेरा भी हो।

<u>*159*</u>

बज रही है ज़ोर धक धक भीतर की यह ताल,

बीत रहें हैं पल बन कर दिन, महीना, साल,

कलम पड़ती मेरी धीमी, तेज़ समय की चाल,

शब्द कहीं हैं खोए बिखरे, उलझा ख़्यालों का जाल।

<u>*160*</u>

नई है सोच, नए हैं ख़्वाब,

मिल रहे हैं कुछ नए जवाब,

अंदर ही जैसे चमके महताब,

कलम उठा जब खोली किताब।

_161_

करता रहा जीवन भर

     अवसरों का इंतज़ार,

करता संघर्ष थक रहा

     बिन मौक़े कलाकार।

पर छूटे न है छूटता

     कला का संसार,

क्यूँकि कला जीवन का संक्षेप

     और कला ही विस्तार।

<u>*162*</u>

जब कहने को कुछ ख़ास न हो

और शब्दों का भी साथ न हो,

तो ध्यान लगा कुछ श्रोता बन

सुन

ख़्याल है बुनता तेरा मन।

<u>*163*</u>

कहते हो कि बस भी करो
अब और कितना लिखोगे?
गुमनाम ख़ाली वजूद के साथ
इस स्याही में भीगे कैसे दिखोगे?

लिखता हूँ कि जो ख़ाली है
        वह भर सके,
सालों से दबा है जो
        कुछ उभर सके,
माना आज हूँ गुमनाम
        और एक दिन ग़ायब भी हो जाऊँगा,
पर स्याही के सूखे रंग में ज़रूर कहीं नज़र आऊँगा।

<u>*164*</u>

जाने क्यूँ रहता उलझा शब्दों की तलाश में,
बुलंद शब्दों वाली कविता की अभिलाष में?
क्या शब्दों से ज़्यादा कविता की चुप्पी न ज़रूरी?
और क्या इस नीरवता बिन कविता न अधूरी?

शब्द हैं जैसे धरती - स्पष्ट, सुगठित पर सीमित
और सन्नाटा जैसे वायु - अबाध, अपार, अपरिमित।

<u>*165*</u>

ज़बान को थोड़ा करने दो इंतज़ार,

    दाल को कुछ और उबलने दो।

होने दो और तेज़ कलम की धार,

    जज़्बात को कुछ और पिघलने दो।

कविता बनेगी और भी ज़ायक़ेदार,

    आँच को कुछ और जलने दो।

<u>*166*</u>

इस चल रही तुकबंदी में शायद कभी एक ऐसी कविता बन
जाए

जब शब्द केवल शब्द न रहें, एक विचार धारा बन जाएँ।

इस चल रही कविता में शायद कभी एक ऐसा गीत
बन जाए

जब ताल केवल ताल न रहे, एक नयी मिसाल बन
जाए।

इस चल रहे गीत में शायद कभी ऐसा संगीत
बन जाए

जब सुर केवल सुर न रहे, दिल को छूती
पुकार बन जाए।

167

यह सफ़ेद काग़ज़ क्यूँ मुझे रोज़ चिढ़ाता है,

भरूँ जितना भी लफ़्ज़ों से,

फिर भी ख़ाली रह जाता है।

<u>*168*</u>

इश्क़ भरी हर रात हो,

सवेरे फिर मुलाक़ात हो,

शायरी भरी हर बात हो,

तो ज़िंदगी क्यूँ न करामात हो?

राख़ बन उड़ जाते हैं

जब आग में इनके तपिश न हो,

लफ़्ज़ कमज़ोर पड़ जाते हैं

जब हक़ में इनके सच न हो।

<u>*170*</u>

चल रहा था मैं अपने रास्ते

धुंधली एक मंज़िल की ओर,

मोड़ हुआ फिर कलम से मिलना

और मोड़ बन बैठा अपना छोर ।

<u>*171*</u>

शब्द हैं होते टहनियों जैसे।

बाहें फैलाए शिखर हैं छूते।

कविता के मज़बूत तने से लटके,

दफ़्न जड़ों का भाव हैं ढोते।

<u>*172*</u>

दिल से लाचार मरीज़ों में थोड़ा दर्द अपना भी हो,

शायरों की ऐसी महफ़िल में

एक शेर अपना भी हो।

<u>*173*</u>

लिखता हूँ,

कुछ बाँटता हूँ,

इन कागज़ों में ज़िंदगी काटता हूँ।

कुछ तुम्हें

कुछ मुझे

दे सकें सुकून,

ऐसे ही लफ़्ज़ बस छाँटता हूँ।

क्या कलम खींच रही लकीर को
या लकीरें रहीं हैं कलम को खींच?
या फिर चल रही कोई लड़ाई
बरसों से दोनों के बीच?

<u>*175*</u>

जब विचार ही न हों तो कैसे बने कविता?

भाव बिन शब्दों की क्या है कोई अस्मिता?

तो बिन भाव, बिन विचार, क्यूँ कलम को घिसना?

बे वजह क्यूँ तीखी आलोचनाओं में पिसना?

पर कलम की नोक ने ही तो विचारों को है कुरेदा,

लिखना तो बस इसलिए की भाव हो सके पैदा।

<u>*176*</u>

जो चाहूँ विचारों के तेज़ तीर को दागना,

तो भाषा की कमान को मज़बूती से पकड़ना होगा।

यूँ ही नहीं बनते कोई कवि शायर महान,

आलस को लताड़ रोज़ लफ़्ज़ों से झगड़ना होगा।

177

लफ़्ज़ों के बीच की ख़ामोशी में बसी है जो बात,

है शायर के दिल का हाल

और छुपे हुए जज़्बात।

जो जानना इस छुपे दर्द को

तो चल तू शायर के साथ।

<u>*178*</u>

मुश्किल नहीं शायरी इतनी भी,

बस लेती थोड़ा यह इम्तिहान।

मुहब्बत जैसे माँगे आशिक़ से

सब्र, लगन और सच्चा ईमान।

<u>*179*</u>

इश्क़ में लफ़्ज़ क्या निकले
लफ़्ज़ों से इश्क़ हो गया,
वो तो हुए पराए और मैं
लफ़्ज़ों का हो कर रह गया।

<u>*180*</u>

ख़्याल कहीं हुए रवाना

अब लफ़्ज़ कहाँ पनपते हैं,

दिल का बदला हुआ है ठिकाना

और जज़्बात कहीं भटकते हैं।

_181_

लफ़्ज़ों में डूबा लगे जहान

हर पल जैसे कुछ करे बयान

हुआ जबसे कविता रुझान।

<u>*182*</u>

आसमान के पीछे अनेक आसमान,

    अनंत असीम तारों के कई जहान।

अनन्तर इस रचना को कर सके बयान,

    ऐसा कोई कवि मिलेगा कहाँ?

183

चमकीला एक सितारा

    काले आकाश में,

हुकुम का एक इक्का

    बावन पत्तों की ताश में,

अपना छोटा सा एक पन्ना

    दुनिया के इतिहास में,

भटक रहा हूँ मैं ऐसे एक मक़सद की तलाश में।

_184_

जज़्बात का झोला,

लफ़्ज़ों का पिटारा,

    ताल का बक्सा भी खोला जब सारा,

दिल से निकली बोलियाँ,

बेधड़क बेशुमार,

    मौजों में बहती है अब जीवन की धारा।

<u>*185*</u>

कौन जानता था

    कि यह ख़ालीपन

एक ख़ाली काग़ज़ से ही दूर हो जाएगा,

साथ छोड़ देंगे

    सारे जो थे अपने

और यह कलम ही साथ निभाएगा?

<u>*186*</u>

कभी लिखने से ज़िंदगी पूरी थी,

अब बिन लिखे अधूरी है।

कभी कविता लिखना ज़रूरी था,

पर बनी अब मजबूरी है।

खुद के खुद से मिलाप में

एक कविता की बस दूरी है।

<u>*187*</u>

कविता — होती है पैदा अक्सर

तजुर्बों में जज़्बात बो कर,

कभी पहुँचती है अंजाम

कभी भटकती राह खो कर।

<u>*188*</u>

रिश्तों के खेल में,

बैर और मेल में,

जज़्बात की जेल में,

   क़ैद क्यूँ हैं तेरे ख़याल?

जब रिश्ते निर्बाध हों,

जज़्बात भी आज़ाद हों,

   ख़याल तेरे तब ख़ास हों।

<u>*189*</u>

आज कुछ लिखने को जी नहीं करता,
पर बिन लिखे भी यह मन नहीं भरता।

तो उठा कलम यूँ ही कुछ कहते हैं,
बिन विचार भावनाओं में बहते हैं।

बहते बहते शायद इस दिल को किनारा मिल जाए,
लफ़्ज़ों की इन कलियों में शायद एक क़ाफ़िया खिल
जाए।

<u>*190*</u>

कुछ सवालों से निकलते हैं सवाल

और कुछ से निकलती है कविता।

कभी सवाल दे जाएँ तनाव

और कविता दे जाए समता।

_191_

क्यूँ न आज कुछ ऐसा लिखें कि पढ़ कर किसी का हौंसला

बंध जाए,

किसी का दुःख बाँट शायद कुछ अपना भी घट जाए।

<u>*192*</u>

आज जी भर के लिखूँगा,

    लिखूँगा कि कुछ जी भर सके।

193

अजीबोग़रीब कविता का झोला,

वज़न उठाए पर हल्का थोड़ा,

रोज़ निकाले एक नया सवाल

हाथ डाल जो तुमने टटोला।

वह पूछते हैं कि क्या दिल से लिखते हो

या दिमाग़ का भी कुछ खेल है?

लिखना तो जैसे यह जीवन,

सूझ बूझ और जज़्बात का यह मेल है।

<u>*195*</u>

शब्दों की तलाश में अर्थ समझ में आए,

अर्थ की समझ ने दिखाए नए ख़्वाब,

ख़्वाबों ने दिखाई फिर नई सम्भावनाएँ,

सम्भावनाओं से बन गई एक पूरी किताब।

<u>*196*</u>

कम लफ़्ज़ों में जो हो जाए ज़ाहिर
    उस बात की है क्या बात।
पर लफ़्ज़ों की बचत होती है तब
जब गहरे होते जज़्बात।

<u>*197*</u>

सोता हूँ आज रात

रख कुछ शब्द सिरहाने,

सवेरे बने शायद बात

जो आए एक कविता मुझे जगाने।

खंड ५ - दुःख

<u>*198*</u>

दुःख से निकलती है कविता,

      कविता है जीवन की छाया,

दुःख से ही हो दृढ़ निश्चय

तो क्यूँ कहें दुःख को पराया?

दुःख में बढ़ती उदासी,

      उदासी में है इश्क़ समाया,

दुःख से अहम् है मरता,

दुःख में ही ख़ुदा याद आया।

_199_

हर वक्त मुस्कुराने की ऐसी क्या मजबूरी है?

जो न हो दुःख

तो ख़ुशियों की ख़ुशी भी अधूरी है,
खुद के खुद से मिलाप में

गहरे दुःख भर की तो दूरी है।

रहन लय के लिए थोड़ी उदासी भी ज़रूरी है,
हर वक्त मुस्कुराने की ऐसी क्या मजबूरी है?

दिख रहे हर नुक्कड़ पर

स्वासों के मुहताज लोग,

ख़ौफ़ में हर एक जी रहा

दरवाज़ा खटखटा रही मौत।

अधूरी छूटीं कई कहानियाँ,

मना रहे सब शोक।

आँसू बरखा में भीग रही

उम्मीद की अब ज्योत।

कौन सुने दुःख की पुकार,

अब कौन हरे यह रोग।

_**201**_

इरादों ने पथ समझाया,

पैरों ने स्वीकार किया,

पत्थरों ने पैरों को रोका,

ठोकरों ने बेज़ार किया।

<u>*202*</u>

जब दर्द से होते हों इरादे मज़बूत,

ज़िक्र कर ज़ख्मों को ज़ाया क्यों करना।

203

दुःख से लड़ता था रोज़ाना,

दुःख और घना हो गया,

दुःख को जब बेबदल माना,

झट ही फ़ना हो गया।

तसल्ली है कि आज हूँ दुखी

   तुझ से बिछड़ जाने पर,

जब देखता हूँ साथ रहते लोग

   बेरुख़ी से ज़माने भर।

<u>*205*</u>

बिन दीयों के आज थाली है,
    अंदर घोर रात काली है,
दिल वीरान और मन ख़ाली है,
    जाने कैसी यह मेरी दिवाली है।

<u>*206*</u>

हाथ रंगें हैं स्याही से
       और काग़ज़ उतरता खून है,
मिला तेरी समाधि से,
       खोया तब से सुकून है।

207

सी लिए थे अपने होंठ,

    खा कर दिल पर अपने चोट।

अपनों से मैं खा कर मार,

    अब हँसी उड़ाता दर्द गुहार।

<u>*208*</u>

सूरज कम बादल हैं ज़्यादा

आसमान का भी रंग है सादा

पेड़ों पर पत्ते हैं रूठे

बहते दरिया लगते हैं सूखे

मौसम का बदला सा इरादा

जीवन ने तोड़ा हर वादा।

209

दिल में सुराख़ है
 मस्तिष्क में राख है
  बदन बना ख़ाक़ है
कैसी दुःख की करामात है।

210

देखे थे खबरों में
        मैंने कई रूप,

मौत के कई कारण
        और अनोखे स्वरूप,

पर अपने दरवाज़े
        जब मुरझाई धूप,

रात समझ आयी
        हुआ सच से त'आरुफ़।

211

मिला है जो दुःख

तो इस्तक़बाल कर,

मिली है जो पीड़ा

तू इस्तेमाल कर,

इन गिरते आँसुओं की

थोड़ी तो सम्भाल कर,

इन लगती चोटों से

अपनी छाती ढाल कर।

212

ताज़ी दरारें,

पुरानी दीवारें,

अकेली बहारें,

दिल की हारें,

सब हैं गहरे दर्द की मारें।

213

कुछ बूँदें आकर रुकी हैं, आँखों में कहीं छुपी हैं

न बहती

    न कुछ कहती हैं

चुप चाप बस बिरहा सहती हैं।

<u>*214*</u>

न जाने कब होगा महसूस

फिर अपनों का स्पर्श,

हर घड़ी है बढ़ रहा

सब्र से अपना संघर्ष।

हर दिन जैसे और लम्बा

कैसा यह अभूतपूर्व सा वर्ष,

कब होगी अब नई शुरुआत

कब होगा इसका निष्कर्ष?

<u>*215*</u>

मुट्ठी से मिट्टी की तरह छूट रही हैं साँसें,

जिस दिशा में देख रहा दिख रही बस लाशें,

ज़ख़्म अब नासूर बन रहा, मौत के चले तमाशे।

<u>*216*</u>

छूटता है जब किसी अपने का हाथ

लगती है तब अनंत यह चलती रात

सूरज में बस दिखती सुलगती आग

लगता दिल में हुआ हो सुराख़।

<u>*217*</u>

उदास हैं घर के अंदर

उदास हैं सब बाहर

उदास हैं सेहतमंद और

उदास ही सब रोगहर।

देख रहा ऊपर सिकंदर

फैला उदासी सागर

देख रहा है सब्र की सीमा

तेरे भरोसे को आज़माकर।

<u>218</u>

पतझड़ में पत्तों का गिरना

और बहार में फूलों का खिलना,

हैं कुदरत के नियम।

पतझड़ है तो ही बहार है,

बदलाव दुनिया का संस्कार है,

जब संतुलन ही आधार है,

फिर फूलों से क्यूँ तुझे इतना प्यार है?

<u>*219*</u>

गुज़रता है वक़्त

     बदलते हैं हम

और बीत रही उम्र में बदल रहे तुम।

बदल रहे हैं हर्फ़ यूँ सबके लगातार

फिर बढ़ती दूरियों का क्यूँ करते हो ग़म?

खंड ६ - प्रतिवाद

<u>*220*</u>

अक्सर देते वह दोष रवि को

बैठे जो बंद कर नैन

और देते वह दोष कवि को

जो सच पढ़ हों बेचैन।

_**221**_

भरी है आज राख आसमान

पानी बहता लहू,

धूल चाट रहे शव हर जगह

कंपकंपाती अब रूह।

दर्द हदों को मिल रही चुनौती

पीड़ा रोती अब भू,

कंकालों पर करें मुनाफ़ा

लगा गिद्धों का समूह।

222

आवाज़ क़ैद करने को
     तालों की कमी नहीं,
पर ख़्याल क़ैद कर सकें जो
     वह पिंजरे अभी बने नहीं।

सजा कर अपनी तस्वीरें
	ख़ुद ही का दीदार करते हैं,
छोड़ ज़िंदा धड़कते दिलों को
	खोखली तारीफ़ों से प्यार करते हैं।

224

दौलत

    सफलता

       पहचान बनी,

चरित्र ख़ाक कहलाता है,

इंसानियत तभी बेईमान बनी

सत्य अब धोखे खाता है।

<u>*225*</u>

किसी के करे ज़ुल्म को
आसानी से तू माफ़ न कर,
विश्वासघात के ज़ख़्मों को
ऐसे ही तू साफ़ न कर।

दर्द से भरी चीख़ों को
यूँ ही तू बर्खास्त न कर,
माँगने से मिलता है नहीं
ख़ुद अपना इंसाफ़ तू कर।

<u>*226*</u>

चलता अलग लोगों का दौर
अंदर कुछ
     बाहर कुछ और,
मूल उसूलों से टूटा हुआ नाता
सच पर कौन करता अब गौर?

227

बात छुपाए बैठा रहा,

    जज़्बात दबाए सहता रहा।

माहौल अब कुछ और है,

बयान करने का दौर है।

228

समझें कुछ लोग शराफ़त को कमज़ोरी

प्यार और तहज़ीब को ज़रूरत या मजबूरी।

<u>*229*</u>

यह दुनिया एक बड़ा सा छत्ता

शहद की भूखी चाहती सत्ता,

करती खुद फूलों से चोरी

डंक मार करे सीनाजोरी।

<u>*230*</u>

तारीफ़ों की लगी है आदत,
आलोचना करती परेशान।

बिन प्रशंसा होती हरारत,
खुद ही अपना करे बखान।

ज्ञान की होती है गिरावट,
इंसान ऐसा चढ़ा गुमान।

231

करते लोग औरों की इज़्ज़त

अपनी इज़्ज़त बचाने को,

तमीज़ करते हैं बर्ताव

तमीज़दार कहलाने को,

तहज़ीब चलती है तले दबाव

दुनिया को दिखलाने को।

<u>*232*</u>

बातें हज़ार मन में छुपाए

अंदर तड़प बाहर मुस्कुराए

सदियों से सहती कितने अन्याय,

अब पूछते हो नारी क्यूँ चिल्लाए?

233

छीन दूजे का हक़ सोते हैं कैसे?
कैसे कुछ लोग जीते हैं ऐसे?

ग़ैर सम्पत्ति बेईमानी के पैसे
पैरों के नीचे की मिट्टी के जैसे।

234

बोलने लगे हैं सब,

बचा कहाँ कोई मौन।

चिल्ला रहा है जग

सुनता यहाँ अब कौन?

बात सीधी न समझे कोई

सोच बनी प्रतिलोम।

_235_

शब्दों में इतना बल नहीं
      कर सके जो विवरण सही
महत्व है जो नारी का
संसार की राजकुमारी का।

क्यूँ इनसान इतना काबिल नहीं
      करे नारी का आदर सही
करता फ़र्क़ मर्द नारी का
बनाए मज़ाक़ उस मदारी का।

<u>*236*</u>

करते हो संताप तो इसका भी करो खेद,

जिस थाली में खा रहे उसी में करते छेद,

कैसे लोगे साँस होकर इस से विच्छेद।

करना होगा बंद पर्यावरण से निषेध।

237

मिलते हैं आज हर नुक्कड़ पर

तर्क, आलोचना और विवाद,

कर रहा है हर कोई बहस

बिन समझे तथ्य बुनियाद,

खबरें हैं मनोरंजन का ज़रिया

सत्य को कौन करता अब याद।

<u>*238*</u>

जब मान्यताओं से चल रहा संसार,

तथ्य सड़ रहे और होते बेकार,

तब इस धोखे और झूठ से कैसे बचें?

कैसे हो आख़िर सत्य साकार?

हैं नहीं उम्मीदें कुछ ज़्यादा बड़ी,

मिले बस समाज में बराबरी,

हो सकूँ अपने पैरों पर खड़ी,

मिले घर इज़्ज़त घड़ी दो घड़ी।

<u>*240*</u>

रास्ता दिखा रहा हर कोई,

सड़क किनारे लगा तशरीफ़,

खुद चलने में करें परहेज़,

नितंब उठाते हो तकलीफ़।

<u>*241*</u>

तप रही है धरती सूनी

तप रहा है आसमान

तपते हैं पेड़ और पत्ते

तप रहा है यह जहान

तपते हैं मग़ज़ भी सबके

तप रहा है इनसान

तप रहा बैर भी रब से

तपते हैं गुरूर गुमान

242

चोट पर चोट लग रही

ज़ख़्म हो रहा हरा,

न जाने कैसे पी रहा

दर्द जो भीतर भरा,

भर रहा है अब पूरा

सब्र का भी घड़ा,

ग़रीब खा रहा है मार

बंधे हाथों खड़ा।

<u>*243*</u>

कर जाते बातें हज़ार

    समझदार बिन मुँह खोले

और बकवादी जबड़ा फाड़

    बेमतलब ही थूकें घोलें।

जो चाहते हैं वज़नी विचार

वह सोच समझ कर बोलें।

<u>*244*</u>

बनवाते रहे वह ऊँचे क़िले

    अपनी दौलत की नुमाइश में,

अब सिंघासन पर बैठ रोज़ाना दीवारों से बातें किया करते हैं।

_**245**_

न केवल बीमारों की

रोज़ी कारोबारों की

आज़ाद विचारों की

सच्चाई के नारों की

सच्चे पत्रकारों की

दर्द भरी गुहारों की

बुनियादी

अधिकारों की

आज फिर मौत कमाई है।

<u>*246*</u>

बने सियासी बैठे क्यूँ तुम?

करते कुर्सी आराम,

मैं आम सही तो क्या हुआ

मुझसे बना तुम्हारा आवाम।

बने सेठ अकड़ते क्यूँ तुम

तिजोरी करो अभिमान,

मैं मज़दूर सही तो क्या हुआ

मेरे काँधे तुम्हारी चढ़ान।

<u>*247*</u>

इस नए दशक का है अलग कारोबार,

समय और ध्यान का चला है व्यापार।

समय की विरलता में खो रहे मूल विचार

ध्यान के लालच में अब बिकता है समाचार।

_248_

इन उद्योगों के आकर्षण में

कहीं भूल न जाएँ खेत खलियान,

इस थाली के स्वाद में डूब

कहीं भूल न जाएँ हम बलिदान,

कितना सींचा खून पसीना

तब मिला रोटी जलपान,

जो यह संपन्न तो हम ज़िंदा

जीवन प्रदान जो जीवित किसान।

<u>*249*</u>

इस दशक में एक अनोखा नियम हो गया

    खुश दिखना खुश रहने से ज़रूरी हो गया,

दोस्तों का आँकड़ा बना चरित्र की निशानी

    खोटी प्रशंसा करना तो मजबूरी हो गया।

<u>*250*</u>

ताक़त के हैं अनेक ज़रिए

ज्ञान,

     शोहरत

         और धन,

पर ऐसी ताक़त के क्या मायने

जो न दे निर्बल को दम।

<u>*251*</u>

सब ने नए साल के बारे में कुछ लिखा
तो हम भी कुछ मुबारक मना लें।

पर केवल बधाई से साल नया न होगा
अपने आप माहौल खुश हाल न होगा।
साल बदलते खुद को भी बदलना होगा,
रास्ता दिखाना ही नहीं,

खुद उस पर चलना भी होगा।

तो क्यूँ न इस नए साल पूछें कुछ नए सवाल?
कब तक रहेंगे निर्भर, क्यूँ न खुद ही बनें एक मिसाल?

<u>*252*</u>

सच है क्या
और क्या है मिथ्या,
किस पर करोगे अब विश्वास?
मुद्दों से हट कर बहस है चलती
तोड़ मरोड़ कर इतिहास,
चिल्लाते सब अपनी कहानी
चाहे तत्व हों बकवास,
मतभेद होना दुश्मनी का न्योता
तथ्यों की घुटती है साँस।

<u>*253*</u>

बैठ अपने डब्बे के अंदर,

हाथ एक खिलौना लेकर,

लगें है सब नए खेल में,

तर्कों के दबाव धकेल में।

गाते हैं सब सच का गाना,

चाहे सच हो अंजाना,

चाहे हर कोई वांछित होना,

पड़े चाहे ज़मीर खोना।

बोलने की होती भरपूर आज़ादी,

साथ खुले विचारों का हो आदान,

समता स्वाधीनता हों सर्वोपरी

हर भाषा, धर्म, जाति का मान।

कमज़ोर को जहां मिलता हो न्याय,

मानव अधिकार होते प्रधान,

निरंकुश निंदा की स्वतंत्रता,

होती लोकतंत्र की पहचान।

255

जो ज़ुल्म करना होता है अपराध

तो उससे बड़ा है ज़ुल्म को सहना

जो ग़लत है ज़ालिम का उन्माद

तो ग़लत

ग़लत को ग़लत न कहना।

256

शोहरत की लालसा में खो रहे वजूद,

रिश्ते तभी बरकरार जब दौलत हो मौजूद,

जीतने की लगी होड़ ऐसे अनम्य इरादे,

चाहे देना पड़े धोखा, तोड़ने पड़ें वादे,

हो रही है चूर चूर चरित्र की बुनियाद,

मुश्किल होता जा रहा आपस में संवाद।

257

जो मनाते हो होली तो समझो प्रसंग

क्यूँ होते हैं गुलाल के यूँ अनेक रंग?

क्यूँ सजाते थाली पर हम इन्हे संग?

सोचो जो होते सब रंग सिर्फ़ लाल

लाल ही फिर होते सब के गुलाल

समानांतर न लगते फिर सब के ही गाल?

कैसे कहते है यह रंगों का त्योहार?

कैसे फिर बनता अलग रंगों से प्यार?

खंड ७ - प्रणय

<u>*258*</u>

शाम अकेले रोता हूँ

आँसू की बूँदें खोता हूँ

ख़्वाब हो फिर मिलना तुमसे

इस कारण ही बस सोता हूँ

259

मशगूल रहे हम

उनके लफ़्ज़ों की तज्वीज़ में

इज़हार छुपा था पर

खामोशियों के दरमियान

<u>*260*</u>

इश्क़ के कर रही ख़िलाफ़

आज़माइशें यह सब्र से मेरी,

ज़रूरी नहीं करूँ यूँ माफ़,

ग़लतियाँ मैं हर एक तेरी।

<u>*261*</u>

प्रेम का बीज कैसे हो पैदा

जब होता हो सरे आम कोरे जिस्मों का महँगा सौदा

और दिल कौड़ियों के भाव बाज़ार में धक्के खाता हो।

<u>*262*</u>

नहीं किया चाहे मैंने इश्क़ कभी

पर ज़िंदगी मुझसे इश्क़ करती है

तभी तो यह साँसें तेज़ रफ़्तार चलती हैं।

<u>*263*</u>

समझता हो जो तेरी हर आह

करता हो तेरी अक्सर परवाह

चलता साथ मुश्किल जब राह

ऐसा दोस्त मिलता है कहाँ?

264

आसमान का रंग गुलाबी लगे

हर इनसान शराबी लगे

हर आवाज़ रबाबी लगे

फ़क़ीर भी नवाबी लगे

हक़ीक़त सब ख़्वाबी लगे

हर सवाल किताबी लगे

इश्क़ में हारी बाज़ी लगे

<u>*265*</u>

इश्क़ मंज़िल दिखाता था
    मझधार में कुछ भूल हुई
दीदार भी खूब आता था
    इज़हार में बस चूक हुई

<u>266</u>

माना तू मशहूर है
हर एक दिल का नूर है
पर मैं भी तो मजबूर हूँ
तनहा तुझसे दूर हूँ

माना मैं बदनाम हूँ
रौशनी से अनजान हूँ
पर तू भी तो परेशान है
छोड़ मुझे पशेमान है

267

छोटा सा तेरा ख़्याल

पड़ता है मुझे भारी

लगती है हिचकियाँ

साँस भी रुकती बेचारी,

दोष नहीं यह मेरे इश्क़ का

गलती तेरे हुस्न की है सारी।

<u>*268*</u>

आँखों से आँखें बेवजह

दो पल क्या यूँ टकरा गईं

सादे मामूली लम्हों को

ख़ास इश्क़ शेर बना गईं।

आँखों से आँखें बेवजह

दो पल क्या यूँ टकरा गईं

शांत झील ज़िंदगी को

तूफ़ानी समुंदर बना गईं।

269

पेट से निकल कर
		बात क्यूँ जुबान पर आ गयी
छोटी सी यह गलती
		बरसों का रिश्ता पल भर में खा गई

<u>*270*</u>

एक बारीक़ सी मुस्कुराहट

तेरे खिलखिलाने की नन्ही सी आहट

देती मेरी रूह को कुछ ऐसी राहत

जैसे मिल जाए प्यासे को दरिया

कर मामूली प्याले की चाहत।

अँधेरा, ख़ामोशी और यह अकेलापन
अस्थिरता, शंका और यह व्याकुल मन
ढूँढ रहे लगाव और कुछ अपनापन,
निर्मल पवित्र स्नेह का स्पष्ट दर्शन।

<u>*272*</u>

गुज़र गया वह ज़माना

होती थी मुहब्बत जब यूँ ही रोज़ाना

अब तो बस मुहब्बत की बातें ही करते हैं

प्याले को करते ख़ाली

फिर दोबारा उसको भरते हैं।

273

हो रही है शाम रंगीली

तो कर ले थोड़ी जेब ढीली

पिला अब प्याले यूँ दो चार

देखूँ कितना बनता है यार

कितना मुझसे करता तू प्यार

<u>*274*</u>

जो जानना हो शायर के दिल का हाल

तो कर बस इतना सा सवाल

क्या धड़कता है तेज़ किसी के इश्क़ में

या थमा है कर इश्क़ मलाल?

<u>*275*</u>

करे जो ज़िक्र मेरे ख़यालों का

बन कर जवाब मेरे सवालों का

साथ जिसके ख़ुद से मुलाक़ात हो

ऐसा महबूब मिले तो क्या बात हो

<u>*276*</u>

क्यूँ इश्क़ छुपाए बैठे हैं
कुछ लोग इस भरी दुनिया में?

जो दिल का हाल बयान करते
तो हवाओं में अलग महक होती,
वाणी में अलग चहक होती,
ख़ूबसूरत हर एक इनसान होता,
कुछ अलग ही यह जहान होता।

277

आज बरसों बाद कोई मन को भाया है

    किसी ने फिर एक अरमान जगाया है,

वरना तो कठोर दिल कहलाते थे हम

    न जाने कब से यह गुलाब मुरझाया है।

<u>*278*</u>

हम तो कब से चाहते हैं शादी करना

न जाने कितनों से प्यार करते हैं

इस लड्डू से नहीं हमें कोई परहेज़

हमें तो बस हलवाई इनकार करते हैं।

<u>*279*</u>

इस चलती साँस का एक यही प्रयास हो

हृदय में तेरी याद और तेरा ही एहसास हो

अहम् करूँ त्याग और तेरे प्रेम की आस हो

मैं रहूँ तेरे क़रीब और तू भी मेरे पास हो।

<u>*280*</u>

हर बात का ज़िक्र ज़रूरी नहीं
कुछ जज़्बात छुपाना मजबूरी है,
रिश्तों की होती अपनी सीमाऐं
इनका आदर करना भी ज़रूरी है।

281

घबराते हैं कई आशिक़

दिल के टूट जाने से

इश्क़ में मार खाने से।

हम तो करते हैं इन्तज़ार

कब हों इस दिल के टुकड़े हज़ार

इस बहाने हों फिर रूबरू मयखाने से।

खंड ८ - कुछ यादें

_**282**_

देख कुछ पुरानी तस्वीरें

यादों की कुछ बची लकीरें

हुआ एक अजीब एहसास

याद कर उन पलों को ख़ास,

    कि आज भी एक बीता कल बन जाएगा,

    सीमित याददाश्त का अधूरा चित्र कहलाएगा।

तो क्यूँ न भर लूँ कुछ ऐसे रंग,

    कि चित्र रहें याद चाहे यादाश्त न दे संग।

<u>*283*</u>

पुराना सामान नहीं
समय की कड़ियाँ हैं,
समेट कर रखी जाएँ
चुनिंदा कुछ घड़ियाँ हैं।
        जाने के बाद तेरे
        तुझसे मिलने का ज़रिया हैं।

<u>284</u>

मैं शब्द गिनता रहा

वह पंक्तियों की पंक्तियाँ लगा गए,

मैं शक्कर चुनता रहा

वह शीरे का दरिया बहा गए।

मैं माला बुनता रहा

वह फूलों का बगीचा सजा गए,

मैं बड़ा बनता रहा

वह बड़प्पन का मतलब बता गए।

मैं संतान तो न बन सका

वह पिता का अर्थ समझा गए,

मैं उपकार गिनाता रहा

वह बिन कहे जीवन लुटा गए।

गाँव में प्यारे घरों के जैसे

दिल में बसा है तू

ज़मीन में गहरी जड़ों के जैसे

ज़हन में धँसा है तू

_**286**_

तेरे दिये पल मेरे वक्त में

तेरा दिया रक्त मेरे रक्त में

तेरी परवरिश बना मेरा नज़रिया

तेरा सिखाया ही जीवन का ज़रिया

तेरा साथ था मेरी आज़ादी

तेरा जाना बचपन की समाधि

<u>*287*</u>

वो काली अंधेरी रात

अब हमेशा रहती मेरे साथ

तूफ़ान संग चली थी पतंग

और डोर रह गयी थी मेरे हाथ

288

यह चखतीं आँसू की बूँदें

कड़वी जुबान मीठा करती हैं

तेरे संग पलों की यादें ही

तेरे जाने का घाव भरती हैं।

<u>*289*</u>

उँगली पकड़ चला था जिसकी
वह शख़्सियत अचानक सो गयी
बीच राह खड़ी लगे है ज़िंदगी
दिशाएँ भी सारी खो गयीं।

<u>*290*</u>

मुहब्बत का ढंग कैसा होता है

इश्क़ भरी सूरत का रंग कैसा होता है

कच्ची डोर पतंग होना कैसा होता है

यादों में होना मलंग कैसा होता है

भूला

 रहना तेरे संग कैसा होता है?

<u>*291*</u>

तपती धूप में हूँ खड़ा अकेला

साया मेरा गया कहाँ

बाहें फैलाए कटा पेड़ जो

रेगिस्तान सा लगे जहान

<u>*292*</u>

यह गुज़रती ज़िंदगानियाँ

यह सुख दुःख कहानियाँ

चलते चलते एक दिन

यूँ ही ख़त्म हो जाएँगी

    बन फिर अधूरा क़ाफ़िया

    गिने चुने लफ़्ज़ों के साथ

    शेर बन याद आएँगी।

परिंदा बन के उड़ता था
बादलों को रोज़ चूमता था
मैं भी होता राजा था
प्रजा पे हुकुम चलता था

<u>*294*</u>

शरीर ख़त्म हुआ तो क्या
    ज्योत तेरी बरकरार रहे
समय सीमित रहा तो क्या
    यादों की सदा सम्भाल रहे।

295

वह आलू का पराँठा और मक्खन बेशुमार

साथ हरी मिर्च और तेज़ तीखा अचार

जो न होते साथ तो कैसे होता पूरा

बिन ज़ायक़े का नाश्ता रहता अधूरा।

वह माँ का प्यार और मीठी पुकार

साथ पिता की भयंकर फटकार

जो न होते साथ तो कैसे होता पूरा

बिन ज़ायक़े का बचपन रहता अधूरा।

www.ingramcontent.com/pod-product-compliance
Lightning Source LLC
La Vergne TN
LVHW011001200726
843509LV00011B/943